Knappschaftsgesetz.

Nachtrag

zu

Klostermann-Fürst

Allgemeines Berggesetz

für die Preußischen Staaten.

Sechste Auflage,

bearbeitet von

Hans Thielmann,

Kgl. Bergwerksdirektor, rechtskundigem Mitglied der
Kgl. Bergwerksdirektion in Zabrze.

Berlin 1912.

J. Guttentag, Verlagsbuchhandlung,

G. m. b. H.

Bekanntmachung des Textes des Knappschaftsgesetzes.

Vom 17. Juni 1912 (GS. S. 137).

Auf Grund des Art. VI des Gesetzes vom 3. Juni 1912 (Gesetzsamml. S. 97), betreffend die Abänderung des Siebenten Titels im Allgemeinen Berggesetze vom 24. Juni 1865 / 19. Juni 1906, wird der Text des Siebenten Titels im Allgemeinen Berggesetz vom 24. Juni 1865, wie er sich aus den Änderungen durch das Gesetz vom 19. Juni 1906 und durch das Gesetz vom 3. Juni 1912 ergibt, nachstehend bekannt gemacht.

Berlin, den 17. Juni 1912.

Der Minister für Handel und Gewerbe.

Sydow.

Knappschaftsgesetz.

§ 1. Für die Arbeiter, welche auf den dem Allgemeinen Berggesetz unterworfenen Bergwerken, Aufbereitungsanstalten, Salinen und den zugehörigen Betriebsanstalten beschäftigt sind, sollen, soweit das Gesetz nicht besondere Ausnahmen vorsieht, Knappschaftsvereine bestehen, welche den Zweck haben, ihren Mitgliedern und deren Angehörigen nach näherer Bestimmung des Gesetzes und der Satzungen (§ 6) Unterstützungen zu gewähren.

Inwieweit auch die Werksbeamten und die Verwaltungsbeamten der Knappschaftsvereine zum Beitritte verpflichtet und berechtigt sind, bestimmt sich nach den §§ 9 und 27 bis 29.

Sind mit den im Abs. 1 bezeichneten Werken zugleich Gewerbsanlagen verbunden, welche nicht unter der Aufsicht der Bergbehörde stehen, so können die bei diesen Gewerbsanlagen beschäftigten Arbeiter und Beamten auf den gemeinschaftlichen Antrag der Werksbesitzer und der Mehrheit der künftigen beitrittspflichtigen Mitglieder durch den Knappschaftsvorstand in den Knappschaftsverein aufgenommen werden.

§ 2. Die bestehenden Knappschaftsvereine und knappschaftlichen Krankenkassen bleiben in Wirksamkeit. Das gegenwärtige Gesetz findet jedoch auch auf sie Anwendung.

Die Besitzer sowie die Beamten und Arbeiter der Hüttenwerke und der dem Allgemeinen Berggesetze nicht unterworfenen Aufbereitungsanstalten, welche bereits einem Knappschaftsverein angehören, scheiden auf ihren gemeinschaftlichen Antrag aus dem Verein aus.

Unter der gleichen Voraussetzung scheiden die Besitzer sowie die Beamten und Arbeiter der im § 1 Abs. 3 bezeichneten, nicht unter der Aufsicht der Bergbehörde stehenden Gewerbsanlagen aus dem Verein aus, sofern ihre Verbindung mit knappschaftspflichtigen Werken gelöst wird.

Das Ausscheiden eines nach Abs. 2 oder 3 austrittsberechtigten Vereinswerkes tritt erst in Wirksamkeit, wenn eine vermögensrechtliche Auseinandersetzung zwischen dem ausscheidenden Werke und dem Knappschaftsvereine stattgefunden hat. Streitigkeiten, welche hinsichtlich der vermögensrechtlichen Auseinandersetzung zwischen dem austrittsberechtigten Vereinswerk und dem Knappschaftsverein entstehen, werden mangels Verständigung über eine schiedsrichterliche Entscheidung von dem Oberschiedsgericht entschieden (§ 83).

§ 3. Die Bestimmung der Bezirke, für welche neue Knappschaftsvereine gegründet, sowie die Bestimmung derjenigen bereits bestehenden Knappschaftsvereine, welchen die dem Allgemeinen Berggesetz unterworfenen, außerhalb des Bezirkes eines bestehenden Knappschaftsvereins belegenen Bergwerke, Aufbereitungsanstalten und Salinen bei der Eröffnung des Betriebs zugeteilt werden sollen, hängt zunächst von dem Beschlusse der Beteiligten ab. Kann hierüber eine Einigung nicht erzielt werden, so entscheidet nach Anhörung der Werksbesitzer und eines von den künftigen beitrittspflichtigen Mitgliedern zu wählenden Ausschusses auf den Vorschlag des Oberbergamts der Minister für Handel und Gewerbe.

Wo ein ständiger Arbeiterausschuß besteht, ist dieser zu hören. Die Wahl eines Ausschusses nach Abs. 1 findet alsdann nur durch die beitrittspflichtigen Beamten statt.

§ 4. Jeder Knappschaftsverein hat nach näherer Bestimmung des Gesetzes und der Satzung zu gewähren:

1. die Krankenversicherung seiner Mitglieder nach §§ 13 bis 26 (Krankenkassenleistungen);
2. Unterstützungen an die arbeitsunfähig gewordenen Mitglieder sowie an die Angehörigen verstorbener Mitglieder nach §§ 30 bis 34 (Pensionskassenleistungen).

Für diese beiden den Knappschaftsvereinen obliegenden Aufgaben ist die Rechnungsführung nach Krankenkasse und Pensionskasse getrennt vorzunehmen. Ausnahmen hiervon sind nur bei geringem Geschäftsumfange statthaft und unterliegen der besonderen Genehmigung durch die Aufsichtsbehörde.

§ 5. Innerhalb der einzelnen Knappschaftsvereine können nach dem gemeinschaftlichen Beschlusse der beteiligten Werksbesitzer und Knappschaftsältesten, sofern der Knappschaftsvorstand und die Generalversammlung zustimmen, besondere Krankenkassen für die zugehörigen Werke, und zwar für jedes einzelne Werk oder gruppenweise für mehrere Werke, errichtet werden. Die Errichtung besonderer Krankenkassen kann auch auf einen Teil der Vereinswerke beschränkt werden.

Die Errichtung einer besonderen Krankenkasse ist nur dann zulässig, wenn durch die Zahl der im Kassenbezirke regelmäßig beschäftigten Arbeiter oder durch sonstige Umstände die dauernde Leistungsfähigkeit der Krankenkasse ausreichend sichergestellt erscheint.

Die Geschäftsführung der besonderen Krankenkassen unterliegt der Beaufsichtigung durch den Knappschaftsvorstand. In der Satzung des Knappschaftsvereins sind gegebenenfalls die näheren Bestimmungen hierüber zu treffen.

§ 6. Für jeden neu gegründeten Knappschaftsverein haben die Werksbesitzer unter Mitwirknng eines von den künftigen beitrittspflichtigen Mitgliedern zu wählenden Ausschusses eine mit dem Gesetz in Übereinstimmung stehende Satzung aufzustellen. Dieselbe unterliegt der Bestätigung des Oberbergamts, welche nur versagt werden darf, wenn die Satzung den gesetzlichen Vorschriften zuwiderläuft oder Bestimmungen enthält, welche mit dem gesetzlichen Zwecke des Knappschaftsvereins nicht im Zusammenhange stehen.

Mit dem Antrag auf Erteilung der Bestätigung sind die Unterlagen einzureichen, welche zur Beurteilung der dauernden Erfüllbarkeit der Leistungen der Pensionskasse (§ 40 Abs. 2) notwendig sind. Vor der Entscheidung über die Bestätigung hat das Oberbergamt eine sachverständige Prüfung der Unterlagen herbeizuführen. War mit den Unterlagen ein versicherungstechnisches Gutachten nicht eingereicht, so können die Kosten der Anfertigung eines solchen Gutachtens dem Knappschaftsverein auferlegt werden.

Wird die Bestätigung vom Oberbergamte versagt, so erfolgt die Entscheidung durch Beschluß. Gegen diesen Beschluß findet, insoweit die dauernde Erfüllbarkeit der Leistungen der Pensionskasse in Frage steht, binnen einer Frist von einem Monate vom Tage der Zustellung an den Vorstand ab die Beschwerde an das Oberschiedsgericht statt (§ 83). Im übrigen bewendet es bei den Vorschriften in §§ 191 bis 194 des Allgemeinen Berggesetzes.

Wo ein ständiger Arbeiterausschuß besteht, wählt dieser die Vertreter der Arbeiter zu dem im Abs. 1 bezeichneten Ausschusse.

Wird die Satzung nach vorgängiger Aufforderung nicht innerhalb sechs Monaten vorgelegt, so hat das Oberbergamt dieselbe rechtsverbindlich aufzustellen.

Für die Errichtung besonderer Krankenkassen (§ 5) finden die Bestimmungen in Abs. 1, 4 und 5 entsprechende Anwendung. Erfolgt die Errichtung in einem schon bestehenden Knappschaftsvereine, so werden die Mitglieder durch die gewählten Knappschaftsältesten vertreten.

Die Knappschaftsvereine und besonderen Krankenkassen (§ 5) erlangen durch die Bestätigung ihrer Satzung die Rechtsfähigkeit.

§ 7. Zu allen Abänderungen von Satzungen der Knappschaftsvereine und besonderen Krankenkassen (§ 5) ist erforderlich, daß die Änderungen von der Generalversammlung nach den näheren Bestimmungen der Satzung beschlossen werden und sodann die Bestätigung des Oberbergamts nach Maßgabe des § 6 erlangen.

§ 8. Die Satzungen der Knappschaftsvereine und besonderen Krankenkassen (§ 5) müssen Bestimmung treffen:

1. über Namen, Sitz und Bezirk des Vereins;
2. über die Klassen der dem Beitrittszwang unterliegenden und über die zum Beitritte berechtigten Personen;
3. über die zur An- und Abmeldung derselben bestimmten Stellen und über den Zeitpunkt der An- und Abmeldung;
4. über die Bemessung, den Ort und die Zeit der Einzahlung etwa vorzuschreibender Eintrittsgelder sowie der Beiträge;
5. über Art und Umfang der einzelnen Unterstützungen;
6. über die Bildung und Zusammenberufung des Vorstandes, die Art seiner Beschlußfassung und die Entschädigung, welche den Vorstandsmitgliedern und Knappschaftsältesten für die ihnen infolge ihrer Teilnahme an den Generalversammlungen sowie an den Sitzungen des Vorstandes und der Ausschüsse erwachsenen Reise- und Zehrungskosten, sowie den Knappschaftsältesten und den von diesen gewählten Vorstandsmitgliedern außerdem noch für den aus gleichem Anlaß entgangenen Arbeitsverdienst zu gewähren ist;
7. über die Zusammensetzung und Berufung der Generalversammlung, über die Art ihrer Beschlußfassung und den Umfang ihrer Befugnisse, soweit nicht § 60 maßgebend ist;
8. über die Verwaltung des Vereins, soweit nicht die §§ 55 bis 59 und 63 maßgebend sind;
9. über die Aufstellung und Prüfung der Jahresrechnung;
10. über die Art rechtsverbindlicher Veröffentlichungen in Angelegenheiten des Vereins;
11. über die Abänderung der Satzung.

Jedes Mitglied des Knappschaftsvereins und der besonderen Krankenkasse (§ 5) erhält ein Exemplar der Satzung und etwaiger Abänderungen.

§ 9. Die Arbeiter, welche im Betriebe der in dem Bezirk eines bereits bestehenden oder neu gegründeten Knappschaftsvereins belegenen Bergwerke, Aufbereitungsanstalten, Salinen und zugehörigen Betriebsanstalten sowie der zu dem Knappschaftsvereine gehörigen Hüttenwerke und sonstigen Gewerbsanlagen beschäftigt werden, sind mit Ausnahme der unständig Beschäftigten Mitglieder der Krankenkasse des Knappschaftsvereins oder der errichteten besonderen Krankenkasse (§ 5). Einer Beitrittserklärung bedarf es nicht. Unständig ist die Beschäftigung, die auf weniger als eine Woche entweder nach der Natur der Sache beschränkt zu sein pflegt oder im voraus durch den Arbeitsvertrag beschränkt ist.

Mitglieder der Krankenkassen sind auch die ausschließlich oder vorwiegend für den technischen, wirtschaftlichen oder kaufmännischen Betrieb eines oder mehrerer der im Abs. 1 bezeichneten Werke beschäftigten Beamten (Werksbeamten) sowie die Verwaltungsbeamten der Knappschaftsvereine und besonderen Krankenkassen (§ 5).

Voraussetzung der Mitgliedschaft ist für die in Abs. 1 und 2 Bezeichneten, daß sie gegen Entgelt (Abs. 4) beschäftigt werden, für die im Abs. 2 Bezeichneten außerdem, daß nicht ihr regelmäßiger Jahresarbeitsverdienst zweitausendfünfhundert Mark an Entgelt übersteigt.

Zum Entgelt gehören neben Gehalt oder Lohn auch Gewinnanteile, Sach- und andere Bezüge, die das Mitglied, wenn auch nur gewohnheitsmäßig, statt des Gehalts oder Lohnes oder neben ihm von dem Arbeitgeber oder einem Dritten erhält. Der Wert der Sachbezüge wird nach den durch das Versicherungsamt gemäß § 160 Abs. 2 der Reichsversicherungsordnung vom 19. Juli 1911 (Reichs-Gesetzbl. S. 509) festgesetzten Ortspreisen berechnet.

Zum Beitritte berechtigt sind auch die übrigen Werksbeamten und Verwaltungsbeamten der Knappschaftsvereine und besonderen Krankenkassen (§ 5).

In Staatsbetrieben mit Pensionsberechtigung angestellte Beamte unterliegen den Vorschriften in Abs. 2 bis 5 nicht. Sie sind indessen zum Beitritte berechtigt, wenn die vorgesetzte Dienstbehörde zustimmt.

Die Beitrittsberechtigung erlischt in allen Fällen, wenn das regelmäßige jährliche Gesamteinkommen viertausend Mark übersteigt.

§ 10. Auf seinen Antrag wird von dem Beitrittszwange befreit, wer auf die Dauer nur zu einem geringen Teile arbeitsfähig ist, solange der vorläufig unterstützungspflichtige Armenverband einverstanden ist.

Wird der Antrag vom Vorstand abgelehnt, so entscheidet auf die Beschwerde des Antragstelles die Aufsichtsbehörde endgültig.

§ 11. Die Mitglieder der Krankenkasse eines Knappschaftsvereins oder einer besonderen Krankenkasse (§ 5) können einer Orts-, Land-, Betriebs- oder Innungskrankenkasse nicht angehören.

§ 12. Von Mitgliedern, die nachweislich bereits der Krankenkasse eines anderen Knappschaftsvereins oder einer anderen besonderen Krankenkasse (§ 5) oder einer Orts-, Land-, Betriebs- oder Innungskrankenkasse angehört haben, darf Eintrittsgeld nur erhoben werden, wenn zwischen Ausscheiden und Beitritt mehr als sechsundzwanzig Wochen liegen.

§ 13. Die Knappschaftsvereine und besonderen Krankenkassen (§ 5) müssen ihren Mitgliedern und deren Angehörigen an Krankenhilfe, Wochengeld und Sterbegeld mindestens die Regelleistungen der Ortskrankenkassen nach den Vorschriften des Zweiten Buches der Reichsversicherungsordnung gewähren. Das Krankengeld können sie mit Genehmigung der Aufsichtsbehörde anders als wöchentlich, längstens jedoch halbmonatlich zahlen.

Der Anspruch auf die Regelleistungen entsteht für die Beitrittspflichtigen mit ihrer Mitgliedschaft (§ 9 Abs. 1 bis 3).

Mehrleistungen sind nach näherer Bestimmung der Satzungen in demselben Umfange zulässig, wie er im Zweiten Buche der Reichsversicherungsordnung für Ortskrankenkassen vorgesehen ist. Außerdem sind zulässig satzungsmäßige Bestimmungen, nach welchen den Knappschaftsinvaliden und deren Angehörigen gegen Entrichtung von Beiträgen freie Kur und Arznei in Krankheitsfällen sowie den Mitgliedern des Knappschaftsvereins oder der Krankenkasse und deren Angehörigen oder Hinterbliebenen in Fällen der Notlage nach dem Ermessen des Vorstandes außerordentliche Unterstützungen gewährt werden können. Steht nach der Satzung eines Knappschaftsvereins den Knappschaftsinvaliden und ihren Angehörigen freie Kur und Arznei in Krankheitsfällen zu, ohne daß die Invaliden hierfür Beiträge zu entrichten haben, so sind diese Leistungen für Rechnung der Pensionskasse zu gewähren.

Bestimmt die Satzung für den Anspruch auf Mehrleistungen eine Wartezeit, so können Mitglieder, die zur Erfüllung ihrer Dienstpflicht im Heere oder der Marine ausscheiden, diese Wartezeit auf die Dauer der Dienstzeit sowie noch auf höchstens sechsundzwanzig Wochen unterbrechen. In diesem Falle darf von ihnen kein neues Eintrittsgeld erhoben werden.

Die Satzung hat in entsprechender Anwendung des § 180 der Reichsversicherungsordnung den Grundlohn festzusetzen. Insoweit die Festsetzung der Zustimmung des Oberversicherungsamts bedarf, tritt an deren Stelle die Zustimmung des Oberbergamts.

Die Satzung kann mit Zustimmung des Oberbergamts für kleinere Heilmittel einen Höchstbetrag festsetzen, auch bestimmen, daß die Kasse bis zu dieser Höhe einen Zuschuß für größere Heilmittel gewähren darf.

Der Höchstbetrag einer nach der Satzung wider ein Mitglied zu verhängenden Ordnungsstrafe darf den dreifachen Betrag des täglichen Krankengeldes und bei Knappschaftsinvaliden das Dreifache desjenigen Betrags, welchen sie als Krankengeld zuletzt zu beanspruchen hatten, für jeden einzelnen mit Ordnungsstrafe zu belegenden Fall nicht übersteigen.

§ 14. Für Versicherungsfälle, die bereits eingetreten sind, können durch Satzungsänderung die Leistungen erhöht, nicht aber herabgesetzt werden; Änderungen des Grundlohns haben keinen Einfluß.

Tritt ein Versicherter, der Kassenleistungen bezieht, von einer Orts-, Land-, Betriebs- oder Innungskrankenkasse zu der Krankenkasse eines Knappschaftsvereins oder einer besonderen Krankenkasse (§ 5) oder tritt er von der Krankenkasse eines Knappschaftsvereins oder einer besonderen Krankenkasse zu einer Orts-, Land-, Betriebs- oder Innungskrankenkasse über, so übernimmt die Kasse, zu der er übertritt, die weitere Leistung nach ihrer Satzung. Die Zeit der bereits genossenen Leistung wird angerechnet. Die Mehrleistungen erhält er nur, wenn er schon in seiner früheren Kasse Anspruch auf Mehrleistungen erworben hatte. Das gleiche gilt beim Wechsel der Mitgliedschaft zwischen Krankenkassen von Knappschaftsvereinen oder besonderen Krankenkassen (§ 5).

Hat die Krankenkasse eines Knappschaftsvereins oder eine besondere Krankenkasse (§ 5) für eine Person nach vorschriftsmäßiger und nicht vorsätzlich unrichtiger Anmeldung drei Monate ununterbrochen und unbeanstandet die Beiträge angenommen und stellt sich nach Eintritt des Versicherungsfalls heraus, daß die Person nicht beitrittspflichtig und nicht beitrittsberechtigt gewesen ist, so muß ihr die Kasse gleichwohl die satzungsmäßigen Leistungen gewähren.

§ 15. Kranke Mitglieder der Krankenkasse eines Knappschaftsvereins oder einer besonderen Krankenkasse (§ 5), die außerhalb des Bezirkes ihrer Kasse wohnen, erhalten auf Erfordern ihrer Kasse die ihnen bei ihr zustehenden Leistungen von der allgemeinen Ortskrankenkasse des Wohnorts. Gehört der Wohnort zum Bereich einer Knappschaftskasse, so hat, von dringenden Fällen abgesehen, diese die vorläufige Hilfe zu bewilligen. Das gleiche gilt für berechtigte Familienmitglieder sowie für ausgeschiedene Erwerbslose (§ 19).

Das gleiche gilt für ein Mitglied, das während eines vorübergehenden Aufenthalts außerhalb seines Kassenbereichs erkrankt, solange es seines Zustandes wegen nicht nach seinem Wohnorte zurückkehren kann. Eines Antrags seiner Kasse bedarf es nicht. Die Kasse, welche die Leistungen gewährt, hat jedoch binnen einer Woche den Eintritt des Versicherungsfalls der Krankenkasse des Knappschaftsvereins oder der besonderen Krankenkasse (§ 5) mitzuteilen und soll deren Wünsche wegen der Art der Fürsorge tunlichst befolgen.

Erkrankt ein Mitglied im Auslande, so erhält es, solange es seines Zustandes wegen nicht ins Inland zurückkehren kann, die ihm bei seiner Kasse zustehenden Leistungen vom Arbeitgeber. Dieser hat binnen einer Woche den Eintritt des Versicherungsfalls der Kasse mitzuteilen und soll deren Wünsche wegen der Art der Fürsorge tunlichst befolgen; die Kasse kann die Fürsorge selbst übernehmen.

Die Krankenkasse des Knappschaftsvereins oder die besondere Krankenkasse (§ 5), deren Mitglied die Leistungen bezogen hat, hat der anderen Kasse und dem Arbeitgeber die Kosten zu erstatten. Dabei gelten drei Achtel des Grundlohns als Ersatz der Kosten für die Krankenpflege.

Bei Streit über die Erstattungsansprüche entscheidet das Versicherungsamt im Spruchverfahren nach den Vorschriften der Reichsversicherungsordnung.

§ 16. Kassenmitglieder, welche aus der ihre Mitgliedschaft bei der Krankenkasse des Knappschaftsvereins oder bei einer besonderen Krankenkasse (§ 5) begründenden Beschäftigung freiwillig oder infolge Kündigung oder Entlassung durch den Werksbesitzer ausscheiden, verlieren, soweit das Gesetz nicht besondere Ausnahmen vorsieht, ihre Ansprüche auf die Leistungen der Kasse.

§ 17. Scheidet ein Mitglied, das bei der Krankenkasse eines Knappschaftsvereins oder einer besonderen Krankenkasse (§ 5) oder auf Grund der Reichsversicherung in den vorangegangenen zwölf Monaten mindestens sechsundzwanzig Wochen oder unmittelbar vorher mindestens sechs Wochen versichert war, aus der versicherungspflichtigen Beschäftigung aus, so kann es in seiner Klasse oder Lohnstufe Mitglied bleiben, solange es sich regelmäßig im Inland aufhält und nicht Mitglied einer anderen Knappschafts- oder einer Orts-, Land-, Betriebs- oder Innungskrankenkasse wird. Es kann in eine niedere Klasse oder Lohnstufe übertreten.

Wer Mitglied bleiben will, muß es der Kasse binnen drei Wochen nach dem Ausscheiden oder, falls das Mitglied arbeitsunfähig ist und Kassenleistungen empfängt, nach Beendigung der Kassenleistungen anzeigen. Wer jedoch in der zweiten oder dritten dieser Wochen erkrankt, hat für diese Krankheit, vorbehaltlich des § 19, Anspruch auf die Kassenleistungen nur, wenn er die Anzeige in der ersten Woche gemacht hat. Der Anzeige steht es gleich, wenn in der gleichen Frist die satzungsmäßigen Beiträge voll gezahlt werden. Mit Zustimmung des Oberbergamts kann die Satzung längere Fristen bestimmen.

Zur Erhaltung der Mitgliedschaft haben die in Abs. 1 und 2 erwähnten Mitglieder die vollen für andere Kassenmitglieder von diesen und von den Werksbesitzern aufzubringenden Beiträge (§§ 36 und 37) aus eigenen Mitteln zu leisten. Sie dürfen weder Stimmrechte ausüben noch Kassenämter übernehmen, soweit letzteres nicht im § 52 Abs. 2 ausdrücklich zugelassen ist.

§ 18. Die Mitgliedschaft Beitrittsberechtigter erlischt, wenn sie dem Vorstand ihren Austritt anzeigen. Das gleiche gilt, wenn sie zweimal nacheinander am Zahltage die Beiträge nicht entrichten und seit dem ersten dieser Tage mindestens vier Wochen vergangen sind. Die Satzung kann diese Frist bis zum nächstfolgenden Zahltage verlängern.

Erfährt der Vorstand der Kasse glaubhaft, daß das regelmäßige jährliche Gesamteinkommen eines beitrittsberechtigten Mitglieds viertausend Mark übersteigt, so hat er diesem Mitglied alsbald mitzuteilen, daß seine Mitgliedschaft erloschen sei. Die Mitgliedschaft erlischt mit der Zustellung der Mitteilung.

§ 19. Scheiden Kassenmitglieder wegen Erwerbslosigkeit aus, die in den vorangegangenen zwölf Monaten mindestens sechsundzwanzig Wochen oder unmittelbar vorher mindestens sechs Wochen bei der Krankenkasse eines Knappschaftsvereins oder einer besonderen Krankenkasse (§ 5) oder auf Grund der Reichsversicherung versichert waren, so verbleibt ihnen der Anspruch auf die Regelleistungen der Kasse, wenn der Versicherungsfall während der Erwerbslosigkeit und binnen drei Wochen nach dem Ausscheiden eintritt. Die Kasse hat dem Berechtigten auf Antrag seinen Anspruch auf diese Leistungen zu bescheinigen.

Sterbegeld wird auch nach Ablauf der drei Wochen gewährt, wenn die Krankenhilfe bis zum Tode geleistet worden ist.

Der Anspruch fällt weg, wenn der Erwerbslose sich im Ausland aufhält und die Satzung nichts anderes bestimmt.

§ 20. Die Beziehungen zwischen den Knappschaftsvereinen, soweit sie Krankenkassenleistungen gewähren, sowie besonderen Krankenkassen (§ 5) und Ärzten werden durch schriftlichen Vertrag geregelt; die Bezahlung anderer Ärzte kann die Kasse, von dringenden Fällen abgesehen, ablehnen.

Soweit es die Kasse nicht erheblich mehr belastet, soll sie ihren Mitgliedern die Auswahl zwischen mindestens zwei Ärzten freilassen. Wenn das Mitglied die Mehrkosten selbst übernimmt, steht ihm die Auswahl unter den von der Kasse bestellten Ärzten frei. Die Satzung kann jedoch bestimmen, daß der Behandelte während desselben Versicherungsfalls oder Geschäftsjahrs den Arzt nur mit Zustimmung des Vorstandes wechseln darf.

Wird bei einer Krankenkasse die ärztliche Versorgung dadurch ernstlich gefährdet, daß die Kasse keinen Vertrag zu angemessenen Bedingungen mit einer ausreichenden Zahl von Ärzten schließen kann oder daß die Ärzte den Vertrag nicht einhalten, so ermächtigt das Oberversicherungsamt (§ 61 der Reichsversicherungsordnung) die Kasse auf ihren Antrag widerruflich, statt der Krankenpflege oder sonst erforderlichen ärztlichen Behandlung eine bare Leistung bis zu zwei Dritteln des Durchschnittsbetrags ihres gesetzlichen Krankengeldes zu gewähren.

Das Oberversicherungsamt (Beschlußkammer) kann zugleich bestimmen:

1. wie der Zustand dessen, der die Leistungen erhalten soll, anders als durch ärztliche Bescheinigungen nachgewiesen werden darf;
2. daß die Kasse ihre Leistungen so lange einstellen oder zurückbehalten darf, bis ein ausreichender Nachweis erbracht ist;
3. daß die Leistungspflicht der Kasse erlischt, wenn binnen einem Jahre nach Fälligkeit des Anspruchs kein ausreichender Nachweis erbracht ist;
4. daß die Kasse diejenigen, denen sie ärztliche Behandlung zu gewähren hat, in ein Krankenhaus verweisen darf, auch wenn die Voraussetzungen des § 184 Abs. 3 der Reichsversicherungsordnung nicht vorliegen.

Gegen den Beschluß des Oberversicherungsamts (Abs. 3 und 4) hat der Kassenvorstand die Beschwerde bei dem Minister für Handel und Gewerbe.

§ 21. Die Satzung kann den Vorstand ermächtigen, die Krankenhausbehandlung nur durch bestimmte Krankenhäuser zu gewähren und, wo die Kasse Krankenhausbehandlung zu gewähren hat, die Bezahlung anderer Krankenhäuser, von dringenden Fällen abgesehen, abzulehnen.

Dabei dürfen Krankenhäuser, die lediglich zu wohltätigen oder gemeinnützigen Zwecken bestimmt oder von öffentlichen Verbänden oder Körperschaften errichtet und die bereit sind, die Krankenhauspflege zu den gleichen Bedingungen wie die im Abs. 1 bezeichneten Krankenhäuser zu leisten, nur aus einem wichtigen Grunde mit Zustimmung des Oberversicherungsamts ausgeschlossen werden.

§ 22. Genügt bei einer Krankenkasse die ärztliche Behandlung oder Krankenhauspflege nicht den berechtigten Anforderungen der Erkrankten, so kann, vorbehaltlich des § 20 Abs. 3 bis 5, das Oberversicherungsamt nach Anhören der Kasse jederzeit anordnen, daß diese Leistungen noch durch andere Ärzte oder Krankenhäuser zu gewähren sind.

Diese Anordnung soll nur auf so lange getroffen werden, wie es ihr Zweck fordert, und bedarf, wenn sie über ein Jahr gelten soll, der Genehmigung des Ministers für Handel und Gewerbe.

Wird die Anordnung nicht binnen der gesetzten Frist befolgt, so kann das Oberversicherungsamt selbst das Erforderliche auf Kosten der Kasse veranlassen. Verträge, welche die Kasse mit Ärzten oder Krankenhäusern bereits geschlossen hat, bleiben unberührt.

Die Kasse hat gegen diese Anordnungen und Maßnahmen binnen einer Woche die Beschwerde bei dem Minister für Handel und Gewerbe.

§ 23. Für die Beziehungen zwischen den Krankenkassen und den Zahnärzten gelten die §§ 20 Abs. 1, 22 entsprechend.

§ 24. Die Satzung kann den Vorstand ermächtigen, innerhalb des Kassenbereichs oder mit Genehmigung des Versicherungsamts, in dessen Bezirke die Kasse ihren Sitz hat, darüber hinaus wegen Lieferung der Arznei mit einzelnen Apothekenbesitzern oder -verwaltern oder, soweit es sich um die dem freien Verkehr überlassenen Arzneimittel handelt, auch mit anderen Personen, die solche feilhalten, Vorzugsbedingungen zu vereinbaren. Alle Apothekenbesitzer und -verwalter im Bereiche der Kasse können solchen Vereinbarungen beitreten. Der Vorstand kann dann, von dringenden Fällen abgesehen und vorbehaltlich des Abs. 5, die Bezahlung der von anderer Seite gelieferten Arznei ablehnen.

Genügt die Arzneiversorgung, die eine Kasse gewährt, nicht den berechtigten Anforderungen der Erkrankten, so gilt § 22 entsprechend.

Die Apotheken haben den Krankenkassen für die Arzneien einen Abschlag von den Preisen der Arzneitaxe zu gewähren. Der Minister für Handel und Gewerbe bestimmt seine Höhe; er kann ihn für die einzelnen Apotheken davon abhängig machen, daß die Kasse aus ihnen mindestens zu einem bestimmten Betrage bezieht.

Der für den Sitz des Knappschaftsvereins oder der besonderen Krankenkasse (§ 5) zuständige Regierungspräsident setzt unter Rücksicht auf die örtlichen Verhältnisse und die im Handverkauf üblichen Preise die Höchstpreise von solchen einfachen Arzneimitteln fest, welche sonst ohne ärztliche Verschreibung (im Handverkauf) abgegeben zu werden pflegen. Diese Höchstpreise dürfen einen Betrag nicht überschreiten, der sich nach Abs. 3 ergibt. Der Minister für Handel und Gewerbe kann Näheres anordnen.

Beziehen die Berechtigten die im Abs. 4 bezeichneten Arzneimittel zu einem Preise, der die Festsetzung nicht übersteigt, aus einer Apotheke, so kann der Regierungspräsident anordnen, daß die Kasse die Bezahlung nicht deshalb ablehnen darf, weil sie nach Abs. 1 mit Personen, die nicht Apothenbesitzer oder -verwalter sind, niedrigere Preise vereinbart hat.

§ 25. Erstreckt sich ein Knappschaftsverein oder eine besondere Krankenkasse (§ 5) über die Bezirke mehrerer Oberversicherungsämter, so werden die in den §§ 20 Abs. 3 und 4, 21 Abs. 2, 22 Abs. 1 und 3, 24 Abs. 2 bezeichneten Aufgaben von demjenigen Oberversicherungsamte wahrgenommen, in dessen Bezirke der Verein oder die Kasse den Sitz hat.

§ 26. Die mit Ärzten, Zahnärzten, Krankenhäusern und Apothekern oder anderen Personen, welche die dem freien Verkehr überlassenen Arzneimittel feilhalten (§ 24 Abs. 1), abgeschlossenen Verträge sind dem Oberbergamte mitzuteilen.

§ 27. Diejenigen Arbeiter, welche gemäß § 9 Abs. 1 und 3 der Krankenkasse des Knappschaftsvereins oder einer besonderen Krankenkasse (§ 5) als Mitglieder angehören, sowie diejenigen Beamten, deren regelmäßiger Jahresarbeitsverdienst zweitausend Mark an Entgelt nicht übersteigt, sind ohne Antrag als Mitglieder in die Pensionskasse des Knappschaftsvereins aufzunehmen, sofern sie den in den Satzungen aufgestellten Erfordernissen über Lebensalter und Gesundheit genügen. Als Erfordernis für die Aufnahme darf das Mindestlebensalter nicht über achtzehn Jahre und das Höchstlebensalter nicht unter vierzig Jahre festgesetzt werden.

Die Beamten mit einem regelmäßigen Jahresarbeitsverdienste von mehr als zweitausend Mark sind, auch wenn ihr jährliches Gesamteinkommen viertausend Mark übersteigt, unter den im Abs. 1 bezeichneten Voraussetzungen berechtigt, den Pensionskassen als Mitglieder beizutreten.

Arbeiterinnen können durch die Satzung von der Mitgliedschaft in der Pensionskasse ausgeschlossen werden.

Personen, welche wegen Nichterfüllung der satzungsmäßigen Erfordernisse nicht als Mitglieder in die Pensionskasse aufgenommen werden, dürfen zur Zahlung von Pensionskassenbeiträgen nicht herangezogen werden. Indessen können Personen, welche durch ihr Verhalten die Feststellung nicht ermöglichen, ob die satzungsmäßigen Erfordernisse für ihre Aufnahmepflicht vorliegen, bis zur Ermöglichung dieser Feststellung bereits zur Zahlung der Pensionskassenbeiträge herangezogen werden. Auf die Leistungen der Pensionskasse erlangen diese Personen erst dann Anwartschaft, wenn ihre Aufnahmefähigkeit festgestellt ist, und zwar erst vom Zeitpunkte dieser Feststellung ab.

§ 28. Für die Beamten kann eine besondere Abteilung der Pensionskasse eingerichtet werden. Geschieht dies, so ist die Rechnungsführung nach Arbeiterabteilung und Beamtenabteilung getrennt vorzunehmen.

Für den im Abs. 1 bezeichneten Fall kann durch die Satzung bestimmt werden:

1. daß die im § 27 Abs. 2 bezeichneten Beamten mit einem regelmäßigen Jahresarbeitsverdienste von mehr als zweitausend bis fünftausend Mark zum Beitritte zur Pensionskasse und die Werksbesitzer zur Beitragsleistung für diese Beamten nach § 36 Abs. 1 Satz 2 verpflichtet sind;

2. daß die Mitglieder der besonderen Abteilung nach näherer Bestimmung der Satzung an den Entscheidungen der Vereinsorgane über die Leistungen der Abteilung zu beteiligen sind.

Über die Bildung der besonderen Beamtenabteilung (Abs. 1) und die für diesen Fall zu treffenden Satzungsbestimmungen beschließt die Generalversammlung. Ihr Beschluß bedarf der Bestätigung des Oberbergamts.

Wird die Bildung der besonderen Beamtenabteilung oder werden die für die besondere Beamtenabteilung zu treffenden Satzungsbestimmungen von der Generalversammlung nicht beschlossen, so entscheidet auf Antrag der Mehrheit der Werksbesitzer oder der Mehrheit der Beamten der Minister für Handel und Gewerbe nach Anhörung des Knappschaftsvorstandes darüber, ob die Bildung der besonderen Beamtenabteilung zu erfolgen hat und welche Satzungsbestimmungen als beschlossen anzusehen sind.

§ 29. Ist ein Knappschaftsverein weder Zuschußkasse im Sinne des § 387 des Versicherungsgesetzes für Angestellte vom 20. Dezember 1911 (Reichs-Gesetzbl. S. 989) noch als Ersatzkasse im Sinne des § 388 dieses Gesetzes zugelassen oder bei einer als Ersatzkasse zugelassenen Vereinigung von Knappschaftsvereinen beteiligt, so kann die Satzung bestimmen, daß die Beamten der Pensionskasse als Mitglieder nicht angehören und, soweit sie ihr bisher angehört haben, ausscheiden. Für den letzteren Fall hat die Satzung zugleich über die Erhaltung der bis zu dem Ausscheiden erworbenen Ansprüche der Beamten auf die Pensionskassenleistungen Bestimmung zu treffen.

Kommt ein Beschluß der Generalversammlung nach Abs. 1 nicht zustande, so entscheidet auf Antrag der Mehrheit der Werksbesitzer oder der Mehrheit der Beamten der Minister für Handel und Gewerbe nach Anhörung des Knappschaftsvorstandes darüber, ob die Mitgliedschaft aufzuheben ist und welche Satzungsbestimmungen als beschlossen anzusehen sind.

§ 30. Die Leistungen, welche die Pensionskassen der Knappschaftsvereine nach näherer Bestimmung der Satzung ihren Mitgliedern mindestens zu gewähren haben, sind:

1. eine lebenslängliche Invalidenpension bei eingetretener Unfähigkeit zur Berufsarbeit;
2. eine Pension für die Witwen auf Lebenszeit oder bis zur Wiederverheiratung;
3. eine Beihilfe zur Erziehung der Kinder verstorbener Mitglieder und Invaliden bis zur Vollendung des vierzehnten Lebensjahrs;
4. ein Beitrag zu den Begräbniskosten der Invaliden.

Dem Mitgliede steht ein Anspruch auf Invalidenpension nicht zu, wenn die Arbeitsunfähigkeit vorsätzlich herbeigeführt ist. Die Gewährung der Invalidenpension kann ganz oder teilweise versagt werden, wenn das Mitglied die Arbeitsunfähigkeit bei Begehung eines durch strafgerichtliches Urteil festgestellten Verbrechens oder vorsätzlichen Vergehens sich zugezogen hat. In Fällen der letzteren Art kann die Invalidenpension, sofern der

Versicherte eine im Inlande wohnende Familie besitzt, deren Unterhalt er bisher aus seinem Arbeitsverdienste bestritten hat, ganz oder teilweise der Familie überwiesen werden.

Die Leistungen können durch die Satzung an die Zurücklegung einer bestimmten Wartezeit gebunden werden. Die Wartezeit darf auf einen längeren Zeitraum als fünf Jahre nicht festgesetzt werden.

Eine Invalidenpension nach Abs. 1 Nr. 1 ist bereits vor zurückgelegter Wartezeit zu gewähren, wenn die Arbeitsunfähigkeit durch Verunglückung bei der Berufsarbeit verursacht ist.

Steht eine der im Abs. 1 unter Nr. 1 bis 3 bezeichneten Unterstützungen einem Ausländer zu, so kann der Berechtigte, falls er einen Wohnsitz im Deutschen Reiche nicht besitzt oder seinen Wohnsitz im Deutschen Reiche aufgibt, mit dem dreifachen Jahresbetrage der Unterstützung abgefunden werden.

Tritt in den Verhältnissen des Empfängers einer Invalidenpension eine Veränderung ein, welche ihn nicht mehr als unfähig zur Berufsarbeit erscheinen läßt, so kann ihm die Pension entzogen werden.

§ 31. Die Bemessung der Invalidenpensionen und der Witwenpensionen erfolgt durch die Satzung, und zwar lediglich nach alljährlich oder allmonatlich oder allwöchentlich eintretenden Steigerungssätzen, so daß der Betrag der im Einzelfalle zu gewährenden Pension gleich der Summe der von dem Mitglied erdienten Steigerungssätze ist. Der Betrag der Steigerungssätze ist sowohl für die Invalidenpensionen wie für die Witwenpensionen und — soweit für die Pensionskassenleistungen Mitgliederklassen bestehen — auch für jede Mitgliederklasse besonders festzusetzen. Hierbei ist zulässig, die Steigerungssätze nach Dienstalterszeiten verschieden zu bemessen.

Die hiernach zu gewährenden Invalidenpensionen und Witwenpensionen sind in Tabellen ersichtlich zu machen, welche der Satzung beizufügen sind.

Die Bemessung der Beihilfen zur Erziehung der Kinder verstorbener Mitglieder und Invaliden erfolgt durch die Satzung entweder unter Berücksichtigung des von dem Mitgliede zurückgelegten Dienstalters, und alsdann gleichfalls nach den vorstehenden Grundsätzen, oder ohne Berücksichtigung dieses Dienstalters in festen Monatssätzen für die einzelnen etwa bestehenden Mitgliederklassen.

§ 32. Mitglieder der Pensionskassen werden bei Übernahme von Beschäftigung im Bezirk eines anderen Knappschaftsvereins ohne Rücksicht auf ihr Lebensalter Mitglieder der Pensionskasse dieses Vereins mit ihrem bisherigen Dienstalter, sofern sie nicht erst zu einem Zeitpunkte Pensionskassenmitglied geworden sind, zu welchem sie das in der Satzung des neuen Vereins als Erfordernis für die Aufnahme aufgestellte Lebensalter bereits überschritten hatten und sofern sie zur Berufsarbeit nicht bereits unfähig sind (§ 30 Abs. 1 Nr. 1). Liegt zwischen dem Ausscheiden aus der die Mitgliedschaft im bisherigen Vereine begründenden Beschäftigung und der Übernahme der Beschäftigung im Bezirke des neuen

Vereins ein Zeitraum von mehr als drei Monaten, so ist die Übernahme in die Pensionskasse des neuen Vereins an die weitere Voraussetzung gebunden, daß das Mitglied den in der Satzung des neuen Vereins für die Aufnahme in die Pensionskasse aufgestellten Erfordernissen über Gesundheit genügt.

Tritt ein solches Mitglied, welches zwei oder mehreren Pensionskassen angehört hat, oder seine Witwe in den Genuß der im § 30 Abs. 1 Nr. 1 beziehungsweise 2 bestimmten Leistungen, so hat jede beteiligte Pensionskasse für die Zeit, während welcher das Mitglied ihr angehört hat, die Summe der bei ihr erdienten Steigerungssätze zu gewähren. Hierbei kommen Mitgliedzeiten unter einem Jahre auch bei Pensionskassen mit Jahressteigerungssätzen und zwar insoweit in Anrechnung, als diese Mitgliedzeiten in Verbindung mit den in anderen beteiligten Pensionskassen zurückgelegten Mitgliedzeiten sich zu vollen Jahren ergänzen lassen. Der Steigerungssatz für diese weniger als ein Jahr betragenden Mitgliedzeiten berechnet sich alsdann auf denjenigen Bruchteil des Jahressteigerungssatzes, welcher der Zahl der in Betracht kommenden vollen Beitragsmonate entspricht.

Die Berechnung, Festsetzung und Auszahlung der Leistungen der beteiligten Pensionskassen erfolgt durch denjenigen Knappschaftsverein, dessen Pensionskasse das Mitglied zuletzt angehört hat. Letzterer hat den übrigen beteiligten Vereinen die nach der Berechnung auf sie entfallenden Anteile alsbald mitzuteilen. Die demnach im Laufe eines Vierteljahrs fällig werdenden Anteile sind zur Vermeidung des Verwaltungszwangsverfahrens spätestens bis zum Schlusse des ersten Monats des folgenden Vierteljahrs zu erstatten.

Streitigkeiten über die Anteile an der Aufbringung der Leistungen entscheidet in diesen Fällen unter Ausschluß des Rechtswegs das Oberbergamt, wenn die Vereine verschiedenen Oberbergamtsbezirken angehören, der Minister für Handel und Gewerbe.

Die im § 30 Abs. 1 Nr. 3 und 4 bestimmten Leistungen werden stets nach der Satzung desjenigen Knappschaftsvereins berechnet, welchem der Verstorbene zur Zeit seines Todes als Mitglied oder Invalide angehört hat, und von diesem Knappschaftsverein allein getragen.

§ 33. Mitglieder der Pensionskassen, welche, ohne arbeitsunfähig zu sein, aus der die Mitgliedschaft begründenden oder zu derselben berechtigenden Beschäftigung ausscheiden und nicht Mitglieder einer anderen Knappschaftspensionskasse werden, sind bei einem Dienstalter von wenigstens fünf Jahren berechtigt, sich die bis dahin erworbenen Ansprüche auf die Pensionskassenleistungen durch Zahlung einer in der Satzung festzusetzenden Anerkennungsgebühr zu erhalten, deren monatlicher Betrag eine Mark nicht übersteigen darf.

Der Verlust der erworbenen Ansprüche tritt in diesem Falle erst ein, wenn die Zahlung der Anerkennungsgebühr für sechs aufeinander folgende Monate unterlassen ist.

Durch die Satzungen kann bestimmt werden, daß und unter welchen Bedingungen eine Steigerung der Ansprüche auch nach Ausscheiden aus der Beschäftigung eintreten kann.

§ 34. Insoweit die Voraussetzungen der §§ 32 und 33 nicht vorliegen, verlieren Mitglieder, welche aus der ihre Mitgliedschaft bei der Pensionskasse begründenden Beschäftigung freiwillig oder infolge Kündigung oder Entlassung durch den Werksbesitzer ausscheiden, ihre Ansprüche auf die Leistungen der Pensionskasse.

Nichtbeitrittspflichtige Mitglieder verlieren außerdem ihre Ansprüche auf die Leistungen der Pensionskasse, wenn sie dem Vorstand ihren Austritt anzeigen oder die Beiträge an sechs aufeinander folgenden Zahlungsterminen nicht geleistet haben.

Tritt ein früheres Pensionskassenmitglied wieder in eine Knappschaftspensionskasse als Mitglied ein, so leben seine früheren Pensionskassenansprüche nach einjähriger Mitgliedschaft wieder auf.

§ 35. Die Unterstützungsansprüche auf Grund dieses Gesetzes verjähren in zwei Jahren vom Tage ihrer Entstehung an.

Die Ansprüche des Unterstützungsberechtigten auf die Leistungen der Knappschaftsvereine und Krankenkassen können mit rechtlicher Wirkung übertragen, verpfändet und gepfändet werden nur wegen:

1. eines Vorschusses, den der Berechtigte auf seine Ansprüche vor Anweisung der Leistungen vom Arbeitgeber oder von einem Organe des Knappschaftsvereins oder der Krankenkasse oder einem seiner Mitglieder erhalten hat;
2. der im § 850 Abs. 4 der Zivilprozeßordnung bezeichneten Forderungen;
3. der Forderungen der nach § 1531 der Reichsversicherungsordnung ersatzberechtigten Gemeinden und Armenverbände sowie Arbeitgeber und Kassen, die an ihre Stelle getreten sind; die Übertragung, Verpfändung und Pfändung ist nur in Höhe der gesetzlichen Ersatzansprüche zulässig;
4. rückständiger Beiträge, die nicht seit länger als drei Monaten fällig sind.

Ausnahmsweise darf der Berechtigte auch in anderen Fällen den Anspruch mit Genehmigung der zuständigen Behörde ganz oder zum Teil auf andere übertragen. Welche Behörde zuständig ist, bestimmt der Minister für Handel und Gewerbe.

Die Ansprüche dürfen nur aufgerechnet werden auf:

1. Ersatzforderungen für Beträge, die der Berechtigte in den Fällen des § 1542 der Reichsversicherungsordnung oder aus der reichsgesetzlichen Unfallversicherung bezog, aber an den Knappschaftsverein oder die Krankenkasse zu erstatten hat;
2. geschuldete Beiträge;
3. gezahlte Vorschüsse;
4. zu Unrecht gezahlte Kassenleistungen;

5. Kosten des Verfahrens, die der Berechtigte zu erstatten hat;
6. Geldstrafen, welche die Kassenleitung verhängt hat.

Ansprüche auf Krankengeld dürfen nur bis zur Hälfte aufgerechnet werden.

§ 36. Sowohl die Mitglieder als auch die Werksbesitzer haben zu den Krankenkassen und den Pensionskassen Beiträge zu leisten. Die Beiträge der Werksbesitzer für beitrittspflichtige Mitglieder dürfen nicht geringer als die Beiträge dieser Mitglieder sein.

Bei Arbeitsunfähigkeit sind für die Dauer der Krankenhilfe keine Beiträge zu den Krankenkassen zu entrichten. Das gleiche gilt während des Bezugs des Wochen- und des Schwangerengeldes.

Zur Beitragsleistung für nichtbeitrittspflichtige Mitglieder sind die Werksbesitzer nicht verpflichtet. Soweit eine Beitragsleistung für ein nichtbeitrittspflichtiges Mitglied durch den Werksbesitzer nicht erfolgt, hat das nichtbeitrittspflichtige Mitglied neben dem Mitgliedsbeitrag auch den auf den Werksbesitzer entfallenden Beitrag seinerseits zu entrichten.

§ 37. Die Beiträge der Mitglieder zur Krankenkasse sind in einem Bruchteil ihres Arbeitslohns oder Gehalts oder in einem festen Satze so zu bemessen, daß sie unter Hinzurechnung der Beiträge der Werksbesitzer und der etwaigen sonstigen Einnahmen der Kasse ausreichen, um deren gesetzliche und satzungsmäßige Ausgaben zu decken und außerdem einen Reservefonds im Mindestbetrage der durchschnittlichen Jahresausgabe der letzten drei Jahre anzusammeln und erforderlichenfalls den Reservefonds bis zu dieser Höhe zu ergänzen.

§ 38. Reichen die Mittel einer besonderen Krankenkasse (§ 5) zur Deckung der laufenden Ausgaben nicht aus, so sind die Werksbesitzer zur Leistung der erforderlichen Vorschüsse verpflichtet.

§ 39. Werden die gesetzlichen Regelleistungen (§ 13) einer besonderen Krankenkasse (§ 5) durch die Beiträge, nachdem diese für die Mitglieder vier Prozent des durchschnittlichen Arbeitslohns oder Gehalts erreicht haben, nicht gedeckt, so haben die Werksbesitzer die zur Deckung der gesetzlichen Regelleistungen erforderlichen Zuschüsse aus eigenen Mitteln zu leisten.

§ 40. Die Beiträge der Mitglieder zur Pensionskasse sind in einem Bruchteil ihres Arbeitslohns oder Gehalts oder in einem festen Satze zu bestimmen.

Die Höhe der Beiträge ist derart zu bemessen, daß sie unter Hinzurechnung der etwaigen weiteren Einnahmen der Kasse und unter Berücksichtigung aller sonstigen für die Leistungsfähigkeit des Knappschaftsvereins in Betracht kommenden Umstände die dauernde Erfüllbarkeit der Pensionskassenleistungen ermöglichen.

In den verschiedenen Mitgliederklassen sind die Beiträge für die einzelnen Mitglieder gleich zu bemessen und lediglich nach der durchschnittlichen Höhe der in denselben zu gewährenden Invaliden- und Witwenunterstützungen abzustufen.

§ 41. Ergibt sich, daß die Beiträge zur Krankenkasse oder zur Pensionskasse den Bestimmungen des § 37 oder des § 40 Abs. 2 nicht genügen, so ist eine entsprechende Erhöhung der Beiträge oder eine entsprechende Minderung der Kassenleistungen herbeizuführen. Die Minderung kann sich auch auf die bereits bewilligten oder rechtskräftig festgestellten Pensionskassenleistungen erstrecken, soweit letztere nicht bereits vor Inkrafttreten der Minderung fällig geworden sind.

Unterläßt der Knappschaftsverein oder die besondere Krankenkasse (§ 5), diese Abänderungen zu beschließen, so hat das Oberbergamt die Beschlußfassung anzuordnen. Die Anordnung erfolgt durch Beschluß. Gegen diesen Beschluß findet binnen einer Frist von einem Monate vom Tage der Zustellung an den Vorstand ab die Beschwerde an das Oberschiedsgericht statt (§ 83). Wird der Anordnung, nachdem sie unanfechtbar geworden ist, keine Folge gegeben, so hat das Oberbergamt seinerseits die erforderliche Abänderung der Satzung von Amts wegen mit rechtsverbindlicher Wirkung zu vollziehen.

Wird zur Aufrechterhaltung oder Wiederherstellung der Leistungsfähigkeit eines Knappschaftsvereins oder einer besonderen Krankenkasse (§ 5) eine schleunige Vermehrung ihrer Einnahmen oder Verminderung ihrer Ausgaben erforderlich, so kann das Oberbergamt, vorbehaltlich des vorstehend vorgeschriebenen Verfahrens, eine sofortige vorläufige Erhöhung der Beiträge oder Herabsetzung der Leistungen verfügen. Der Rekurs gegen diese Verfügung hat keine aufschiebende Wirkung.

§ 42. Die Werksbesitzer haben jede von ihnen beschäftigte Person, für welche gemäß den §§ 9 und 27 die Zugehörigkeit zu dem Knappschaftsvereine begründet ist, an den durch die Satzungen festzusetzenden Zeitpunkten und auf dem darin bezeichneten Wege (§ 8 Abs. 1 Nr. 3) bei dem Knappschaftsvorstand und, wo besondere Krankenkassen (§ 5) bestehen, auch bei dem Vorstande der zuständigen Krankenkasse anzumelden und nach Beendigung des Arbeits- oder Dienstverhältnisses wieder abzumelden.

Unterbleibt die Anmeldung, so sind die Vorstände befugt, die Zahl der Personen, für welche die Beiträge zur Knappschaftskasse oder zur Krankenkasse eingezogen werden sollen, nach ihrem Ermessen zu bestimmen.

Werksbesitzer, die ihrer Anmeldepflicht vorsätzlich oder fahrlässigerweise nicht genügen, haben außerdem alle Aufwendungen zu erstatten, welche der Knappschaftsverein oder die Krankenkasse auf Grund gesetzlicher oder satzungsmäßiger Vorschrift in einem vor der Anmeldung durch die nichtangemeldete Person veranlaßten Unterstützungsfalle gemacht hat. Auch ist zulässig, die Unterlassung der Anmeldepflicht wie der Abmeldepflicht durch die Satzung mit einer Geldstrafe bis zu zwanzig Mark zu belegen.

§ 43. Die Werksbesitzer sind verpflichtet, die Mitgliederbeiträge, etwa vorgeschriebene Eintrittsgelder und auf Grund der Satzung verhängte Ordnungsstrafen von den bei ihnen beschäftigten Personen einzuziehen und zugleich mit ihren eigenen Beiträgen zu den in der Satzung bestimmten Zeitpunkten an die vorgeschriebenen Stellen abzuführen. Sie haften für die Einziehung und Abführung der Beiträge, Eintrittsgelder und Ordnungsstrafen der beitrittspflichtigen Mitglieder wie für eine eigene Schuld.

Die Mitglieder sind verpflichtet, sich ihre Beiträge, etwaige Eintrittsgelder und auf Grund der Satzung verhängte Ordnungsstrafen bei den Lohnzahlungen einbehalten zu lassen. Die Einbehaltungen für die Beiträge sind auf die Lohnzahlungszeiträume, auf welche sie entfallen, möglichst gleichmäßig zu verteilen.

§ 44. Die im § 43 Abs. 1 Satz 1 bezeichneten Leistungen zu den Knappschaftskassen und zu den besonderen Krankenkassen (§ 5) können auf vorgängige Festsetzung durch das Oberbergamt im Wege des Verwaltungszwangsverfahrens eingezogen werden.

Durch Einlegung der nach § 70 Abs. 2 und 3 zulässigen Rechtsmittel wird die Zwangsvollstreckung nicht aufgehalten.

Rückständige Beiträge, Eintrittsgelder und Ordnungsstrafen verjähren binnen zwei Jahren nach der Fälligkeit.

§ 45. Erscheint die dauernde Leistungsfähigkeit eines Knappschaftsvereins oder einer besonderen Krankenkasse (§ 5) durch andauerndes Sinken auf eine für diese Leistungsfähigkeit nicht ausreichende Mitgliederzahl oder aus anderen Gründen derart gefährdet, daß im Wege des § 41 eine dauernde Abhilfe nicht mehr zu erwarten ist, so kann die Aufsichtsbehörde den Knappschaftsverein oder die Krankenkasse auflösen und die Mitglieder einem anderen Knappschaftsverein oder einer anderen Krankenkasse mit der Maßgabe überweisen, daß gegen den letzteren Verein aus der bei dem aufgelösten Vereine verbrachten Beitragszeit Ansprüche nicht geltend gemacht werden können und daß die bisherigen Pensionskassenmitglieder im übrigen mit ihrem bisherigen Dienstalter auch der Pensionskasse angehören, sofern sie den im § 32 Abs. 1 für die Aufnahme aufgestellten Erfordernissen genügen. Dabei werden diejenigen bisherigen Pensionskassenmitglieder, welche in dem Zeitpunkte der Überweisung hinsichtlich des Lebensalters und der Gesundheit den durch die Satzung des neuen Knappschaftsvereins für die Aufnahme in die Pensionskasse aufgestellten Erfordernissen genügen, sofern sie bei der Übernahme auf eine Berücksichtigung ihres bisherigen Dienstalters für ihre Ansprüche an den neuen Knappschaftsverein ausdrücklich verzichten, ohne Berücksichtigung ihres bisherigen Dienstalters in die Pensionskasse des neuen Knappschaftsvereins übernommen.

Außerdem hat die Aufsichtsbehörde einen Knappschaftsverein oder eine besondere Krankenkasse (§ 5) aufzulösen:

1. wenn der Betrieb oder die Betriebe, für welche der Verein errichtet ist, aufgelöst werden;
2. wenn dem Knappschaftsvereine lediglich Werke der im § 2 Abs. 2 bezeichneten Art angehören und die Besitzer dieser Werke sowie die

auf diesen Werken beschäftigten Mitglieder die Auflösung gemeinschaftlich beantragen;

3. wenn einer besonderen Krankenkasse (§ 5) lediglich Werke der im § 2 Abs. 2 bezeichneten Art angehören und das Ausscheiden dieser Werke aus dem Knappschaftsvereine nach § 2 Abs. 2 und 4 mit Wirksamkeit erfolgt ist.

Die den bisherigen Mitgliedern bis zur Auflösung des Knappschaftsvereins oder der Krankenkasse erwachsenen Ansprüche bleiben gegen den aufgelösten Verein bestehen, können aber über den Zeitpunkt der Auflösung hinaus sich nicht erhöhen.

Das vorhandene Vermögen ist von der Aufsichtsbehörde in Verwahrung zu nehmen, zu verwalten und zur tunlichst gleichmäßigen Befriedigung der vorhandenen Ansprüche zu verwenden.

Bei Befriedigung der Ansprüche gegen die Pensionskasse eines aufgelösten Knappschaftsvereins sind die Ansprüche derjenigen Personen vorweg zu befriedigen, die sich zur Zeit der Auflösung bereits im Genuß einer Pension befanden. Später eintretende Ansprüche sind nach Maßgabe des vorhandenen Vermögensrestes zu befriedigen. Die Aufsichtsbehörde hat in diesen Fällen einen Liquidationsplan aufzustellen.

Werden nach Wegfall aller Berechtigten Ansprüche nicht mehr erhoben, so fällt ein etwa vorhandener Vermögensrest demjenigen Vereine zu, welchem die dem aufgelösten Verein angehörig gewesenen Mitglieder überwiesen worden sind. Hat eine solche Überweisung nicht stattgefunden, so ist ein etwa vorhandener Vermögensrest in der dem bisherigen Zwecke am meisten entsprechenden Weise zu verwenden.

§ 46. Nach Anhörung der Generalversammlungen der beteiligten Knappschaftsvereine kann die Aufsichtsbehörde im Interesse der dauernden Sicherstellung der Ansprüche der Mitglieder die Vereinigung von zwei oder mehreren Pensionskassen in der Weise anordnen, daß entweder die vollständige Vereinigung der Pensionskassen erfolgt oder daß sie ihre Selbständigkeit behalten und sich zu einem Rückversicherungsverbande vereinigen.

§ 47. Die Auflösung im Falle des § 45 Abs. 1 und die Anordnung der Vereinigung im Falle des § 46 erfolgt durch Beschluß. Handelt es sich um die Vereinigung von Pensionskassen, über welche verschiedene Oberbergämter die Aufsicht führen, so erfolgt die Anordnung durch gemeinschaftlichen Beschluß der beteiligten Oberbergämter. Gegen den Beschluß findet binnen einer Frist von einem Monate vom Tage der Zustellung an den Vorstand ab die Beschwerde an das Oberschiedsgericht statt (§ 83).

§ 48. Knappschaftsvereine können sich auch freiwillig zu einem Rückversicherungsverbande vereinigen. Über diese Vereinigung beschließen die Vorstände der beteiligten Vereine, soweit in der Satzung der einzelnen Vereine diese Befugnis dem Vorstand übertragen ist, sonst die Generalversammlungen. Der Beschluß jedes einzelnen Vereins bedarf der Zustimmung des Oberbergamts.

§ 49. Für die Aufstellung der Satzungen in den Fällen der §§ 46 und 48 gelten die §§ 6 bis 8 entsprechend.

Die Rückversicherungsverbände erlangen durch die Bestätigung ihrer Satzungen die Rechtsfähigkeit.

§ 50. Erstreckt sich ein Knappschaftsverein oder ein Rückversicherungsverband über den Bezirk mehrerer Oberbergämter, so bestimmt der Minister für Handel und Gewerbe die Behörde, durch welche die den Oberbergämtern zugewiesenen Befugnisse hinsichtlich dieses Knappschaftsvereins oder Rückversicherungsverbandes wahrzunehmen sind.

§ 51. Die Verwaltung eines jeden Knappschaftsvereins erfolgt unter Beteiligung von Knappschaftsältesten durch den Knappschaftsvorstand und die Generalversammlung.

Wo besondere Krankenkassen (§ 5) errichtet sind, muß für diese auch ein besonderer Vorstand bestehen.

§ 52. Die Knappschaftsältesten werden von den beitragzahlenden, männlichen, volljährigen Vereinsmitgliedern, welche sich im Besitze der bürgerlichen Ehrenrechte befinden, in einer durch die Satzung bestimmten Zahl und unter den in der Satzung hinsichtlich der Wählbarkeit bestimmten besonderen Voraussetzungen auf Grund geheimer und unmittelbarer Abstimmung aus ihrer Mitte gewählt. Sie müssen die deutsche Reichsangehörigkeit besitzen und der deutschen Sprache in Wort und Schrift mächtig sein. Insoweit innerhalb eines Knappschaftsvereins besondere Krankenkassen (§ 5) eingerichtet sind, kann durch die Satzung des Knappschaftsvereins bestimmt werden, daß die Wahl der Knappschaftsältesten bei den besonderen Krankenkassen erfolgt.

Knappschaftsinvaliden können als Älteste gewählt werden, wenn sie als beitrittspflichtige oder als freiwillige Mitglieder Beiträge zur Krankenkasse eines Knappschaftsvereins oder zu einer besonderen Krankenkasse (§ 5) zahlen.

Die Verhältniswahl ist zulässig; dabei kann die Stimmabgabe auf Vorschlagslisten beschränkt werden, die bis zu einem in der Satzung festgesetzten Zeitpunkte vor der Wahl einzureichen sind.

Die Knappschaftsältesten haben im allgemeinen das Recht und die Pflicht, einerseits die Befolgung der Satzung durch die Knappschaftsmitglieder zu überwachen und andererseits die Rechte der letzteren gegenüber dem Vorstande wahrzunehmen. Die Knappschaftsältesten oder von ihnen gewählte Abgeordnete vertreten die Knappschaftsmitglieder in den Generalversammlungen.

Die Satzung oder eine besondere Dienstanweisung (§ 55) regelt ihre Dienstobliegenheiten.

§ 53. Die Mitglieder des Knappschaftsvorstandes werden zur einen Hälfte aus den Werksbesitzern oder aus deren Vertretern (§§ 117, 127, 134 des Allgemeinen Berggesetzes), zur anderen Hälfte in geheimer Wahl aus den nach § 52 Abs. 1 und 2 gewählten und nach § 9 Abs. 1 bis 3 beitrittspflichtigen Knappschaftsältesten gewählt.

Bei Knappschaftsvereinen mit besonderen Krankenkassen für alle Vereinswerke (§ 5) werden die Vertreter der Mitglieder im Knappschaftsvorstande nur aus den nach § 52 Abs. 1 gewählten und nach § 9 Abs. 1 bis 3 beitrittspflichtigen Knappschaftsältesten gewählt.

Die Verhältniswahl ist zulässig; dabei kann die Stimmabgabe auf Vorschlagslisten beschränkt werden, die bis zu einem in der Satzung festgesetzten Zeitpunkte vor der Wahl einzureichen sind.

Wählbar als Vertreter der Werksbesitzer sind auch solche Personen, welche mit der Leitung der zum Vereine gehörigen Betriebe betraut oder in der Verwaltung dieser Betriebe angestellt sind.

Der Knappschaftsvorstand wählt seinen Vorsitzenden und dessen Stellvertreter aus der Zahl seiner aus den Werksbesitzern oder deren Vertretern gewählten Mitglieder.

§ 54. Die Beschlußfassungen im Vorstand erfolgen, vorbehaltlich des Abs. 4, mit einfacher Stimmenmehrheit. Ergibt die Abstimmung über einen Antrag Stimmengleichheit, so ist der Antrag innerhalb eines Monats zur nochmaligen Beschlußfassung zu bringen.

Ergibt auch die wiederholte Abstimmung Stimmengleichheit und erscheinen durch Nichtannahme des Antrags erhebliche Interessen des Vereins gefährdet, so kann die Entscheidung des Oberbergamts über Annahme oder Ablehnung des Antrags angerufen werden. Diese Entscheidung kann nur von mindestens einem Dritteile der Mitgliedervertreter oder der Vertreter der Werksbesitzer im Vorstand und nur innerhalb eines Monats vom Tage der wiederholten Abstimmung ab beantragt werden.

Die Entscheidung des Oberbergamts erfolgt durch Beschluß. Gegen diesen Beschluß findet binnen einer Frist von einem Monate vom Tage der Zustellung an den Vorstand ab die Beschwerde an das Oberschiedsgericht statt (§ 83).

Der Antrag auf Befreiung von dem Beitrittszwange zur Krankenkasse (§ 10) bedarf der Zustimmung der Mehrheit der Stimmen sowohl aus der Gruppe der Arbeitgeber als auch der Mitglieder im Vorstande.

§ 55. Der Knappschaftsvorstand vertritt den Verein gerichtlich und außergerichtlich. Durch die Satzung kann einem Mitglied oder mehreren Mitgliedern des Vorstandes die Vertretung nach außen übertragen werden.

Zum Nachweise seiner Vertretungsmacht erhält der Vorstand eine Bescheinigung der Aufsichtsbehörde über die den Vorstand bildenden Personen.

Zu den Obliegenheiten des Vorstandes gehört insbesondere:

1. die Leitung der Wahlen der Knappschaftsältesten, soweit diese nicht bei den besonderen Krankenkassen (§ 5) stattfinden, und erforderlichenfalls der Erlaß einer Dienstanweisung für die Knappschaftsältesten;
2. die Auswahl der Beamten und der Ärzte des Vereins und der Abschluß der Verträge mit ihnen sowie mit den Apothekern;
3. die Verwaltung des Vereinsvermögens und die Anlegung verfügbarer Gelder;

4. die Aufsicht über die Geschäftsführung der etwa bestehenden besonderen Krankenkassen (§ 5).

Für die Anlegung verfügbarer Gelder gelten die für die Anlegung von Mündelgeldern bestehenden Vorschriften, soweit nicht im einzelnen Falle auf Antrag des Vorstandes durch die Aufsichtsbehörde eine andere Anlegung zugelassen ist.

§ 56. Die laufende Verwaltung kann durch die Satzung einem oder mehreren Vorstandsmitgliedern oder Beamten (der Verwaltung) übertragen werden. Die Verwaltung entscheidet über alle aus der Satzung sich ergebenden Rechte und Pflichten der Mitglieder, sofern nicht der Vorstand die Entscheidung sich selbst vorbehalten oder einem nach näherer Bestimmung der Satzung bestellten Ausschuß übertragen hat. Die Entscheidung über Anträge auf Invaliditätserklärung sowie die Festsetzung der aus der Pensionskasse zu gewährenden Unterstützungen bleibt indessen stets dem Vorstand oder dem Ausschusse vorbehalten. Auf die Zusammensetzung solcher Ausschüsse findet § 53 Anwendung. Ihre Wahl erfolgt durch den Vorstand, sofern diese Wahl nicht durch die Satzung der Generalversammlung vorbehalten ist. Für die Wahl durch den Vorstand gilt § 61 Abs. 2 entsprechend.

Der Vorstand oder Ausschuß entscheidet über Ansprüche auf Leistungen der Krankenkasse und der Pensionskasse sowie über das Mitgliedverhältnis und die zu entrichtenden Eintrittsgelder und Beiträge nach Stimmenmehrheit. Bei Stimmengleichheit gilt ein Antrag als abgelehnt.

§ 57. Gegen Entscheidungen der Verwaltung über Ansprüche auf Leistungen der Krankenkasse sowie über das Mitgliedverhältnis zur Krankenkasse und die zu dieser zu entrichtenden Eintrittsgelder und Beiträge kann die Entscheidung des Vorstandes oder eines nach § 56 Abs. 1 zu bestellenden Ausschusses angerufen werden.

Der Antrag auf Entscheidung des Vorstandes oder Ausschusses ist binnen einem Monate nach Bekanntgabe des Bescheids der Verwaltung schriftlich bei dieser anzubringen.

Minderjährige, die das sechzehnte Lebensjahr vollendet haben, können selbständig den Antrag für sich stellen und ihn selbständig verfolgen.

Der § 56 Abs. 2 gilt entsprechend.

§ 58. Für einen einzelnen Knappschaftsverein oder eine besondere Krankenkasse (§ 5) kann die Entscheidung der im § 57 Abs. 1 bezeichneten Angelegenheiten durch den Minister für Handel und Gewerbe nach Anhörung des Vereins dem Versicherungsamte (§ 36 der Reichsversicherungsordnung) an Stelle des Vorstandes oder Ausschusses übertragen werden. In diesem Falle regelt sich das Verfahren entsprechend nach den für das Versicherungsamt geltenden Bestimmungen.

§ 59. Entscheidungen der Verwaltung über die im § 57 Abs. 1 bezeichneten Angelegenheiten müssen den Vermerk enthalten, daß sie unanfechtbar werden, wenn nicht rechtzeitig die Entscheidung des Vorstandes oder Ausschusses oder des Versicherungsamts angerufen wird. Insoweit

Entscheidungen auf Grund von Krankenscheinen erfolgen, genügt es, daß der Krankenschein den bezeichneten Vermerk enthält.

§ 60. Soweit die Wahrnehmung der Vereinsverwaltung nicht nach Vorschrift des Gesetzes oder auf Grund der Satzung dem Knappschaftsvorstand obliegt, steht die Beschlußfassung der Generalversammlung zu.

Der Generalversammlung muß vorbehalten bleiben:

1. die Abänderung der Satzung;
2. die Wahl des Vorstandes;
3. die Wahl eines Ausschusses:
   a) zur Prüfung und Abnahme der Jahresrechnung;
   b) zur Ausübung der Befugnis, Ansprüche des Knappschaftsvereins gegen Vorstandsmitglieder oder Beamte aus deren Geschäftsführung durch besondere Beauftragte zu verfolgen.

§ 61. Die Generalversammlung besteht aus den Werksbesitzern oder ihren Vertretern (§ 53 Abs. 1) und aus Knappschaftsältesten oder aus Abgeordneten der Knappschaftsältesten, welche nach näherer Bestimmung der Satzung von den Knappschaftsältesten in geheimer Wahl aus ihrer Mitte gewählt werden; teilnahmeberechtigt sind bei den Knappschaftsvereinen mit besonderen Krankenkassen für alle Vereinswerke (§ 5) die nach § 52 Abs. 1, bei den übrigen Knappschaftsvereinen die nach § 52 Abs. 1 und 2 gewählten Knappschaftsältesten. Sowohl die Werksbesitzer als auch die Knappschaftsältesten können sich in der Generalversammlung durch besonders hierzu bevollmächtigte Personen vertreten lassen. Als Vertreter eines Knappschaftsältesten kann indessen nur wiederum ein Knappschaftsältester bevollmächtigt werden.

Die Beschlußfassungen und die Wahlen erfolgen für jeden der beiden Teile besonders und zwar nach einem durch die Satzung zu regelnden Stimmverhältnisse. Anträge, welchen nicht von beiden Teilen zugestimmt wird, gelten als abgelehnt.

§ 62. Den Kassenbeamten darf die Entlastung für die Jahresrechnung erst nach deren Prüfung und Abnahme (§ 60 Abs. 2 Nr. 3a) erteilt werden.

§ 63. Die Mitglieder des Vorstandes sowie die Verwaltungs-, Rechnungs- und Kassenbeamten des Knappschaftsvereins haften für getreue Geschäftsführung wie Vormünder ihren Mündeln.

§ 64. Die Bestimmungen der §§ 52 bis 63 finden für besondere Krankenkassen (§ 5) mit folgender Maßgabe Anwendung:

1. Sind die Wahlen der Knappschaftsältesten nicht durch die Satzung des Knappschaftsvereins den besonderen Krankenkassen übertragen, so finden besondere Wahlen der Knappschaftsältesten nicht statt, vielmehr gilt die in dem Knappschaftsverein erfolgte Wahl auch für die Krankenkasse.
2. Die Vertreter der Mitglieder im Krankenkassenvorstande werden aus den im § 53 Abs. 1 bezeichneten Knappschaftsältesten gewählt.
3. Teilnahmeberechtigt an der Generalversammlung sind die nach § 52 Abs. 1 und 2 gewählten Knappschaftsältesten.

4. Durch die Satzung kann bestimmt werden, daß an Stelle der Knappschaftsältesten sämtliche Kassenmitglieder, welche großjährig und im Besitze der bürgerlichen Ehrenrechte sind, an der Generalversammlung teilnehmen.

§ 65. Die Oberbergämter haben die Beobachtung der für die Tätigkeit der Knappschaftsvereine in Betracht kommenden Gesetze und der Satzungen zu überwachen. Sie können die Befolgung dieser Vorschriften durch Androhung, Festsetzung und Vollstreckung von Ordnungsstrafen gegen die Vorstandsmitglieder erzwingen.

Sie überwachen insbesondere die dauernde Leistungsfähigkeit der Vereine und die satzungsmäßige Verwaltung des Vermögens.

Sie sind befugt, Ansprüche, die den Vereinen etwa gegen Vorstandsmitglieder oder Beamte aus deren Geschäftsführung erwachsen, in Vertretung des Vereins selbst oder durch einen Beauftragten geltend zu machen.

§ 66. Zur Ausübung dieses Aufsichtsrechts ernennt das Oberbergamt für jeden Knappschaftsverein einen Kommissar.

Der Kommissar ist befugt, allen Generalversammlungen und Sitzungen der Vorstände und Ausschüsse, welche ihm zu diesem Zwecke mindestens drei Tage vorher anzuzeigen sind, beizuwohnen und jeden gesetz- oder satzungswidrigen Beschluß zu beanstanden. Von einer solchen Beanstandung muß er dem Oberbergamte sofort Anzeige machen.

Das Oberbergamt entscheidet, ob der beanstandete Beschluß als gesetz- oder satzungswidrig aufzuheben oder die Beanstandung zurückzunehmen ist.

§ 67. Das Oberbergamt kann die Berufung der Vorstände, Ausschüsse und Generalversammlungen zu Sitzungen verlangen und, falls diesem Verlangen nicht entsprochen wird, die Sitzungen selbst anberaumen.

In den durch das Oberbergamt anberaumten Sitzungen kann dessen Kommissar die Leitung der Verhandlungen übernehmen.

Solange die Wahl des Vorstandes oder der Ausschüsse oder die Generalversammlung nicht zustande kommt oder die Organe des Vereins gesetzliche oder satzungsmäßige Obliegenheiten nicht erfüllen, kann das Oberbergamt die Befugnisse und Obliegenheiten dieser Organe selbst oder durch Beauftragte auf Kosten des Vereins wahrnehmen.

§ 68. Der Vorstand ist jederzeit verpflichtet, dem Oberbergamt und dessen Kommissar auf Verlangen die Einsicht der über seine Verhandlungen sowie über die Verhandlungen der Ausschüsse und Generalversammlungen aufzunehmenden Niederschriften, der Kassenbücher und der gelegten Rechnungen sowie die Revision der Kasse zu gestatten.

Auch hat der Vorstand dem Oberbergamt innerhalb der vorzuschreibenden Fristen und nach den bestimmten Vordrucken die zur Statistik des Knappschaftswesens erforderlichen Nachrichten zu geben sowie alljährlich einen Rechnungsabschluß einzureichen.

Die Vorstände sind ferner verpflichtet, den Anordnungen des Oberbergamts über Art und Form der Rechnungsführung zu genügen.

§ 69. Alle schiedsgerichtlichen und außergerichtlichen Verhandlungen und Urkunden, die zur Begründung und Abwicklung der Rechtsverhältnisse zwischen den Knappschaftsvereinen oder besonderen Krankenkassen (§ 5) einerseits und den Werksbesitzern oder Mitgliedern und den Angehörigen der letzteren andererseits erforderlich werden, sind gebühren- und stempelfrei. Dasselbe gilt für die den Vorständen zum Nachweis ihrer Vertretungsmacht zu erteilenden amtlichen Bescheinigungen (§ 55 Abs. 2 und § 64) und für die von Werksbesitzern oder Knappschaftsältesten zu ihrer Vertretung in den Generalversammlungen erteilten privatschriftlichen Vollmachten (§ 61 Abs. 1 und § 64).

§ 70. Beschwerden über die Verwaltung des Vorstandes sind bei dem Oberbergamt und in der weiteren Instanz bei dem Minister für Handel und Gewerbe anzubringen, insoweit nachstehend nichts anderes bestimmt ist.

Gegen Entscheidungen des Vorstandes oder Ausschusses oder des Versicherungsamts über die in den §§ 56 Abs. 1 Satz 3 und 57 Abs. 1 bezeichneten Angelegenheiten findet unter Ausschluß des ordentlichen Rechtswegs die Berufung auf schiedsgerichtliche Entscheidung statt. Die Berufung muß bei Vermeidung des Ausschlusses binnen einem Monate nach Bekanntgabe der Entscheidungen eingelegt werden. Diese müssen die Bezeichnung des Rechtsmittels, der Rechtsmittelfrist und der für das Rechtsmittel zuständigen Behörde enthalten.

Im übrigen ist gegen alle Entscheidungen der zuständigen Knappschaftsorgane die im Abs. 1 bezeichnete Beschwerde unter Ausschluß des Rechtswegs zulässig. Die Vorschriften im Abs. 2 Satz 2 und 3 gelten entsprechend.

Minderjährige, die das sechzehnte Lebensjahr vollendet haben, können die Rechtsmittel selbständig einlegen.

§ 71. Für den Bezirk jedes Oberbergamts werden nach dem jeweiligen Bedürfnis ein Schiedsgericht oder mehrere Schiedsgerichte gebildet.

Die Zahl, der Sitz und der Bezirk der Schiedsgerichte wird vom Minister für Handel und Gewerbe bestimmt.

Die Bildung besonderer Schiedsgerichte unterbleibt insoweit, als die nach diesem Gesetze den Schiedsgerichten obliegenden Entscheidungen nach § 80 einem besonderen Oberversicherungsamte (§ 63 der Reichsversicherungsordnung) übertragen sind.

§ 72. Jedes Schiedsgericht besteht aus einem ständigen Vorsitzenden und aus Beisitzern. Die Zahl der Beisitzer muß mindestens zwölf betragen und wird im übrigen für jedes Schiedsgericht durch den Minister für Handel und Gewerbe bestimmt.

Der Vorsitzende wird vom Minister für Handel und Gewerbe aus der Zahl der öffentlichen Beamten des Bezirkes, für welchen das Schiedsgericht gebildet ist, ernannt. Für den Vorsitzenden ist in gleicher Weise mindestens ein Stellvertreter zu ernennen.

Die Beisitzer werden von der Generalversammlung der Knappschaftsvereine zu gleichen Teilen in getrennter Wahlhandlung von den Werksbesitzern oder deren Vertretern (§ 53 Abs. 1) und von den Knappschaftsältesten nach einfacher Stimmenmehrheit aus ihrer Mitte gewählt. Als Vertreter der Werksbesitzer sind auch solche Personen wählbar, welche mit der Leitung der zum Vereine gehörigen Betriebe betraut oder in der Verwaltung dieser Betriebe angestellt, indessen nicht selbst Mitglieder des Vereins sind. Die Wahlen erfolgen in geheimer Abstimmung. Mitglieder des Knappschaftsvorstandes und der in den §§ 56, 57 Abs. 1 bezeichneten Ausschüsse sind nicht wählbar.

Erstreckt sich ein Schiedsgericht über den Bezirk mehrerer Knappschaftsvereine, so erfolgt die Wahl der Beisitzer durch die Generalversammlungen der beteiligten Knappschaftsvereine nach einer von der Aufsichtsbehörde zu erlassenden Wahlordnung. Ergibt eine solche Wahl keine Stimmenmehrheit, so ist die Aufsichtsbehörde befugt, die Beisitzer aus der Zahl derjenigen Personen, welche Stimmen erhalten haben, zu bestimmen.

Die Beisitzer werden auf fünf Jahre gewählt. Die Gewählten bleiben nach Ablauf dieser Zeit so lange im Amte, bis ihre Nachfolger das Amt angetreten haben. Ausscheidende Beisitzer sind wieder wählbar.

Kommt eine Wahl nicht zustande, so ernennt das Oberbergamt die Beisitzer aus der Zahl der wählbaren Personen. Das gleiche gilt, wenn ein Beisitzer während der Wahlperiode ausscheidet; die Ernennung erfolgt alsdann für den Rest der Wahlperiode.

§ 73. Wählbar zu Beisitzern sind nur männliche, im Bezirke der beteiligten Knappschaftsvereine wohnende Personen, welche die deutsche Reichsangehörigkeit besitzen, das dreißigste Lebensjahr zurückgelegt haben und der deutschen Sprache in Wort und Schrift mächtig sind. Nicht wählbar ist, wer zum Amte eines Schöffen unfähig ist (§ 32 des Gerichtsverfassungsgesetzes).

Die Ablehnung der Wahl ist nur aus denselben Gründen zulässig, aus welchen gemäß § 1786 Abs. 1 Nr. 2 bis 4 und 8 des Bürgerlichen Gesetzbuchs das Amt eines Vormundes abgelehnt werden kann.

Die Wiederwahl kann für eine Wahlperiode ohne weiteres abgelehnt werden.

§ 74. Der Vorsitzende und dessen Stellvertreter sowie die Beisitzer sind auf die gewissenhafte Erfüllung der Obliegenheiten ihres Amtes eidlich zu verpflichten.

Der Vorsitzende und dessen Stellvertreter werden durch einen vom Minister für Handel und Gewerbe beauftragten Beamten, die Beisitzer durch den Vorsitzenden beeidigt.

Die Beeidigung der Beisitzer erfolgt bei ihrer ersten Dienstleistung in öffentlicher Sitzung; sie gilt für die Dauer der Wahlperiode. Im Falle der Wiederwahl genügt die Verweisung auf die frühere Beeidigung.

Im übrigen finden auf die Beeidigung die Vorschriften im § 51 des Gerichtsverfassungsgesetzes entsprechende Anwendung.

§ 75. Die Beisitzer erhalten Ersatz für die ihnen durch die Teilnahme an den Sitzungen des Schiedsgerichts erwachsenden Reisekosten und sonstige bare Auslagen, die Vertreter der Mitglieder außerdem Ersatz für einen ihnen entgangenen Arbeitsverdienst. Die Festsetzung der Reisekosten, baren Auslagen und des entgangenen Arbeitsverdienstes erfolgt durch den Vorsitzenden.

Die Oberbergämter sind befugt, Personen, welche die Wahl zu Beisitzern ohne zulässigen Grund (§ 73) ablehnen, ohne genügende Entschuldigung zu den Sitzungen sich nicht rechtzeitig einfinden oder ihren Obliegenheiten in anderer Weise sich entziehen, mit Geldstrafe bis zu fünfhundert Mark zu belegen. Die Geldstrafen fließen zu derjenigen Knappschaftskasse, von deren Generalversammlung der Beisitzer gewählt ist. Ist die Wahl durch die Generalversammlungen mehrerer Knappschaftsvereine erfolgt, so wird der Betrag der Geldstrafe unter diese nach einem von dem Oberbergamte zu bestimmenden Verhältnisse verteilt.

Verweigert ein Beisitzer dauernd seine Dienstleistung oder werden hinsichtlich eines Beisitzers Tatsachen bekannt, welche dessen Wählbarkeit auf Grund dieses Gesetzes ausschließen oder welche sich als grobe Verletzungen der Amtspflicht darstellen, so ist er, nachdem ihm Gelegenheit zur Äußerung gegeben worden ist, durch Beschluß des Oberbergamts seines Amtes zu entheben. Der nachträgliche Fortfall des Amtes als Knappschaftsältester hat die Amtsenthebung so lange nicht zur Folge, als die Voraussetzungen für die Wählbarkeit zum Knappschaftsältesten noch vorliegen. Der Rekurs gegen den Beschluß des Oberbergamts hat keine aufschiebende Wirkung.

§ 76. Name und Wohnort der Vorsitzenden und ihrer Stellvertreter sowie der Schiedsgerichtsbeisitzer sind vom Minister für Handel und Gewerbe regelmäßig öffentlich bekannt zu machen. Die Bekanntmachung ist auf allen Vereinswerken zum Aushang zu bringen.

§ 77. Der Vorsitzende des Schiedsgerichts kann in allen Sachen ohne mündliche Verhandlung eine Vorentscheidung treffen.

Gegen die Vorentscheidung kann entweder die Revision an das Oberschiedsgericht in Knappschaftsangelegenheiten eingelegt oder binnen der gleichen Frist (§ 82 Abs. 3) der Antrag auf mündliche Verhandlung gestellt werden. Die Vorentscheidung muß hierauf unter Angabe der Frist hinweisen.

Minderjährige, die das sechzehnte Lebensjahr vollendet haben, können selbständig den Antrag auf mündliche Verhandlung stellen.

Ist der Antrag auf mündliche Verhandlung verspätet gestellt, so wird er als unzulässig verworfen.

§ 78. Der Vorsitzende beruft das Schiedsgericht und leitet dessen Verhandlungen.

Das Schiedsgericht ist befugt, Zeugen und Sachverständige zu vernehmen und ihre Aussagen eidlich erhärten zu lassen.

Das Schiedsgericht hat unter Berücksichtigung des gesamten Inhalts der Verhandlungen und des Ergebnisses einer etwaigen Beweisaufnahme sowie unter Würdigung aller Umstände nach freier Überzeugung über den Anspruch zu entscheiden.

Das Schiedsgericht entscheidet in der Besetzung von fünf Mitgliedern, unter denen sich je zwei Vertreter der Werksbesitzer und der Knappschaftsmitglieder befinden müssen.

Die Entscheidungen des Schiedsgerichts erfolgen nach Stimmenmehrheit und sollen spätestens innerhalb drei Wochen nach ihrer Verkündung den Parteien zugestellt werden.

Die Zuziehung der Beisitzer erfolgt in der Regel nach einer von dem Vorsitzenden im voraus aufgestellten Reihenfolge. Will der Vorsitzende aus besonderen Gründen von dieser Reihenfolge abweichen, so sind diese aktenkundig zu machen.

§ 79. Die Kosten des Schiedsgerichts trägt derjenige Knappschaftsverein, für dessen Bezirk das Schiedsgericht gebildet ist.

Erstreckt sich das Schiedsgericht über den Bezirk mehrerer Knappschaftsvereine, so werden die Kosten durch den Vorsitzenden des Schiedsgerichts auf die beteiligten Knappschaftsvereine alljährlich in dem Verhältnisse der auf jeden von ihnen entfallenden, im abgelaufenen Geschäftsjahr erledigten Berufungen verteilt.

Die Kosten des Verfahrens, welche durch die einzelnen Streitfälle erwachsen, sind von demjenigen Knappschaftsvereine zu zahlen, dessen Entscheidung angefochten ist. Das Schiedsgericht ist indessen befugt, den Beteiligten solche Kosten des Verfahrens zur Last zu legen, welche durch Mutwillen oder durch ein auf Verschleppung oder Irreführung berechnetes Verhalten derselben veranlaßt worden sind.

§ 80. Die schiedsgerichtliche Entscheidung der Streitigkeiten nach § 70 Abs. 2 kann durch den Minister für Handel und Gewerbe einem besonderen Oberversicherungsamte (§ 63 der Reichsversicherungsordnung) übertragen werden.

Auf die besonderen Oberversicherungsämter, welchen die schiedsgerichtliche Entscheidung von Knappschaftsangelegenheiten übertragen ist, finden die Vorschriften in §§ 72 bis 76, 78 bis 79 Abs. 2 keine Anwendung.

Das Verfahren in Knappschaftsangelegenheiten vor den besonderen Oberversicherungsämtern regelt sich nach den für diese geltenden Bestimmungen.

Zu den Kosten des besonderen Oberversicherungsamts haben die beteiligten Knappschaftsvereine angemessene Beiträge zu leisten. Die Bemessung der Beiträge erfolgt nach dem Verhältnis, in welchem die Zahl der auf Grund dieses Gesetzes eingelegten, im Geschäftsjahr erledigten Berufungen zur Gesamtzahl der vor dem besonderen Oberversicherungsamt in demselben Zeitraum erledigten Berufungen steht. Eine Verordnung des Ministers für Handel und Gewerbe regelt das Nähere. Die Festsetzung der Beiträge erfolgt durch den Minister für Handel und Gewerbe oder die von ihm dazu ermächtigte Behörde.

§ 81. Die Berufung auf schiedsgerichtliche Entscheidung ist bei dem zuständigen Schiedsgericht oder besonderen Oberversicherungsamte zu erheben.

Die Berufungsfrist gilt auch dann als gewahrt, wenn innerhalb derselben die Berufung bei einer anderen amtlichen Stelle oder einem Knappschaftsorgan eingegangen ist; diese haben die Berufungsschrift unverzüglich an das zuständige Schiedsgericht oder besondere Oberversicherungsamt abzugeben.

Die Berufung hat keine aufschiebende Wirkung.

Die Entscheidung des Schiedsgerichts oder besonderen Oberversicherungsamts ist dem Berufenden sowie dem Vorstande des beteiligten Knappschaftsvereins in Ausfertigung zuzustellen.

§ 82. Gegen die Entscheidungen der Schiedsgerichte oder besonderen Oberversicherungsämter steht beiden Teilen die Revision an das Oberschiedsgericht in Knappschaftsangelegenheiten zu. Die Revision der Knappschaftsvorstände hat aufschiebende Wirkung insoweit, als es sich um Beträge handelt, die für die Zeit vor dem Erlasse der angefochtenen Entscheidung nachträglich gezahlt werden sollen. Im übrigen hat die Revision keine aufschiebende Wirkung.

Die Revision findet nicht statt gegen Entscheidungen der Schiedsgerichte oder besonderen Oberversicherungsämter, welche das Mitgliedverhältnis zur Krankenkasse oder die zu dieser Kasse zu entrichtenden Eintrittsgelder und Beiträge betreffen. Außerdem ist bei Ansprüchen auf Leistungen der Krankenkasse die Revision ausgeschlossen, wenn es sich handelt um:

1. die Höhe des Kranken-, Haus- oder Sterbegeldes;
2. Unterstützungsfälle, in denen der Kranke nicht oder weniger als acht Wochen arbeitsunfähig war;
3. Wochenhilfe;
4. Familienhilfe;
5. Abfindung;
6. Kosten des Verfahrens.

Die Revision ist bei dem Oberschiedsgerichte zur Vermeidung des Ausschlusses innerhalb eines Monats nach der Zustellung der Entscheidung des Berufungsgerichts einzulegen. Die Vorschrift des § 81 Abs. 2 findet entsprechende Anwendung.

§ 70 Abs. 4 gilt entsprechend.

Die Revision kann nur darauf gestützt werden:

1. daß die angefochtene Entscheidung auf der Nichtanwendung oder der unrichtigen Anwendung des bestehenden Rechtes oder auf einem Verstoße wider den klaren Inhalt der Akten beruhe;
2. daß das Verfahren an wesentlichen Mängeln leide.

Bei Einlegung der Revision ist anzugeben, worin die Nichtanwendung oder die unrichtige Anwendung des bestehenden Rechtes oder der Verstoß wider den klaren Inhalt der Akten oder worin die behaupteten

Mängel des Verfahrens gefunden werden. Das Oberschiedsgericht ist bei seiner Entscheidung an diejenigen Gründe nicht gebunden, welche zur Rechtfertigung der gestellten Anträge geltend gemacht worden sind.

Wird das angefochtene Urteil aufgehoben, so kann das Oberschiedsgericht zugleich in der Sache selbst entscheiden oder dieselbe an das Berufungsgericht oder an den Vorstand oder Ausschuß oder das Versicherungsamt zurückverweisen. Dabei kann das Oberschiedsgericht bestimmen, daß dem Unterstützungsbewerber eine ihrem Betrage nach bestimmte Unterstützung vorläufig zu zahlen ist. Im Falle der Zurückverweisung ist die rechtliche Beurteilung, auf welche das Oberschiedsgericht die Aufhebung gestützt hat, den weiteren Entscheidungen zugrunde zu legen.

§ 83. Das Oberschiedsgericht hat seinen Sitz in Berlin.

Für die Einrichtung des Oberschiedsgerichts und das Verfahren vor demselben finden die §§ 72 bis 76, 78, 79 entsprechende Anwendung mit folgenden Ausnahmen:

1. Die Beisitzer werden von den Generalversammlungen sämtlicher Knappschaftsvereine nach einer von dem Minister für Handel und Gewerbe zu erlassenden Wahlordnung gewählt.
2. Die den Oberbergämtern zugewiesenen Befugnisse werden von dem Minister für Handel und Gewerbe wahrgenommen.
3. Das Oberschiedsgericht entscheidet über die Beschwerden aus § 54 Abs. 3 in der Besetzung von drei Mitgliedern, nämlich dem Vorsitzenden und je einem Vertreter der Werksbesitzer und der Knappschaftsmitglieder. Im übrigen entscheidet das Oberschiedsgericht in der Besetzung von fünf Mitgliedern einschließlich des Vorsitzenden und je eines Vertreters der Werksbesitzer und der Knappschaftsmitglieder. Die weiter zuzuziehenden zwei Mitglieder sind:
   a) bei den im § 2 Abs. 4 bezeichneten Streitigkeiten ein richterlicher Beamter und ein Versicherungsverständiger;
   b) bei Beschwerden aus § 6 Abs. 3, § 41 Abs. 2 und § 47 ein Versicherungsverständiger und ein Bergbauverständiger;
   c) bei Revisionen (§ 82) zwei richterliche Beamte.

   Die unter a bis c bezeichneten Mitglieder und ihre Stellvertreter werden von dem Minister für Handel und Gewerbe ernannt.
4. Die Kosten des Oberschiedsgerichts trägt der Staat.

§ 84. Im übrigen wird das Verfahren vor den Schiedsgerichten und vor dem Oberschiedsgerichte durch Königliche Verordnung geregelt.

§ 85. Die öffentlichen Behörden sind verpflichtet, den im Vollzuge dieses Gesetzes an sie ergehenden Ersuchen des Oberschiedsgerichts, der Schiedsgerichte und besonderen Oberversicherungsämter, anderer öffentlicher Behörden, der Vorstände der Knappschaftsvereine und besonderen Krankenkassen (§ 5) sowie der Ausschüsse (§ 56, § 57 Abs. 1 und § 60 Abs. 2 Nr. 3) und der Versicherungsämter (§ 58) zu entsprechen und den Organen der Knappschaftsvereine auch unaufgefordert alle Mitteilungen zukommen zu lassen, welche für deren Geschäftsbetrieb von Wichtigkeit sind. Die gleiche Verpflichtung liegt den Organen der Knappschaftsvereine gegeneinander und gegenüber den Behörden sowie den Organen der Träger der reichsgesetzlichen Versicherung ob.

Die durch die Erfüllung dieser Verpflichtungen entstehenden Kosten sind von den Knappschaftsvereinen als eigene Verwaltungskosten insoweit zu erstatten, als sie in Tagegeldern und Reisekosten sowie in Gebühren für Zeugen und Sachverständige oder in sonstigen baren Auslagen bestehen.

§ 86. Den Werksbesitzern ist untersagt, die Anwendung der Bestimmungen dieses Gesetzes zum Nachteile der Arbeiter oder der beitrittspflichtigen Beamten durch Verträge (mittels Reglements, Arbeitsordnungen oder besonderer Übereinkunft) auszuschließen oder zu beschränken.

Vertragsbestimmungen, welche diesem Verbote zuwiderlaufen, haben keine rechtliche Wirkung.

Druck von C. Schulze & Co., G. m. b. H., Gräfenhainichen.

FSC
www.fsc.org
MIX
Papier | Fördert
gute Waldnutzung
FSC® C083411

Kolibri 360 GmbH
Ferdinand-Jühlke-Straße 7
99095 Erfurt, Deutschland
produktsicherheit@kolibri360.de